Abatron Logbooks

AMERICAN FOOTBALL CARD COLLECTION BOOK

LOGBOOK INFORMATION

Start Date	
End Date	
Logbook Number	

OWNER INFORMATION

Name	
Address	
Phone Number	
Email Address	

AMERICAN FOOTBALL CARD COLLECTION

PLAYER NAME	CARD NUMBER	YEAR	SET	CONDITION	NOTES (PARALLEL, AUTOGRAPH ETC)

PLAYER NAME	CARD NUMBER	YEAR	SET	CONDITION	NOTES

PLAYER NAME	CARD NUMBER	YEAR	SET	CONDITION	NOTES

PLAYER NAME	CARD NUMBER	YEAR	SET	CONDITION	NOTES

PLAYER NAME	CARD NUMBER	YEAR	SET	CONDITION	NOTES

PLAYER NAME	CARD NUMBER	YEAR	SET	CONDITION	NOTES

PLAYER NAME	CARD NUMBER	YEAR	SET	CONDITION	NOTES

PLAYER NAME	CARD NUMBER	YEAR	SET	CONDITION	NOTES

PLAYER NAME	CARD NUMBER	YEAR	SET	CONDITION	NOTES

PLAYER NAME	CARD NUMBER	YEAR	SET	CONDITION	NOTES

PLAYER NAME	CARD NUMBER	YEAR	SET	CONDITION	NOTES

PLAYER NAME	CARD NUMBER	YEAR	SET	CONDITION	NOTES

AMERICAN FOOTBALL CARD COLLECTION

PLAYER NAME	CARD NUMBER	YEAR	SET	CONDITION	NOTES

PLAYER NAME	CARD NUMBER	YEAR	SET	CONDITION	NOTES

PLAYER NAME	CARD NUMBER	YEAR	SET	CONDITION	NOTES

PLAYER NAME	CARD NUMBER	YEAR	SET	CONDITION	NOTES

PLAYER NAME	CARD NUMBER	YEAR	SET	CONDITION	NOTES

PLAYER NAME	CARD NUMBER	YEAR	SET	CONDITION	NOTES

PLAYER NAME	CARD NUMBER	YEAR	SET	CONDITION	NOTES

PLAYER NAME	CARD NUMBER	YEAR	SET	CONDITION	NOTES

PLAYER NAME	CARD NUMBER	YEAR	SET	CONDITION	NOTES

PLAYER NAME	CARD NUMBER	YEAR	SET	CONDITION	NOTES

PLAYER NAME	CARD NUMBER	YEAR	SET	CONDITION	NOTES

PLAYER NAME	CARD NUMBER	YEAR	SET	CONDITION	NOTES

AMERICAN FOOTBALL CARD COLLECTION

PLAYER NAME	CARD NUMBER	YEAR	SET	CONDITION	NOTES

PLAYER NAME	CARD NUMBER	YEAR	SET	CONDITION	NOTES

PLAYER NAME	CARD NUMBER	YEAR	SET	CONDITION	NOTES

PLAYER NAME	CARD NUMBER	YEAR	SET	CONDITION	NOTES

PLAYER NAME	CARD NUMBER	YEAR	SET	CONDITION	NOTES

PLAYER NAME	CARD NUMBER	YEAR	SET	CONDITION	NOTES

PLAYER NAME	CARD NUMBER	YEAR	SET	CONDITION	NOTES

PLAYER NAME	CARD NUMBER	YEAR	SET	CONDITION	NOTES

PLAYER NAME	CARD NUMBER	YEAR	SET	CONDITION	NOTES

PLAYER NAME	CARD NUMBER	YEAR	SET	CONDITION	NOTES

PLAYER NAME	CARD NUMBER	YEAR	SET	CONDITION	NOTES

PLAYER NAME	CARD NUMBER	YEAR	SET	CONDITION	NOTES

AMERICAN FOOTBALL CARD COLLECTION

PLAYER NAME	CARD NUMBER	YEAR	SET	CONDITION	NOTES

PLAYER NAME	CARD NUMBER	YEAR	SET	CONDITION	NOTES

PLAYER NAME	CARD NUMBER	YEAR	SET	CONDITION	NOTES

PLAYER NAME	CARD NUMBER	YEAR	SET	CONDITION	NOTES

PLAYER NAME	CARD NUMBER	YEAR	SET	CONDITION	NOTES

PLAYER NAME	CARD NUMBER	YEAR	SET	CONDITION	NOTES

PLAYER NAME	CARD NUMBER	YEAR	SET	CONDITION	NOTES

PLAYER NAME	CARD NUMBER	YEAR	SET	CONDITION	NOTES

PLAYER NAME	CARD NUMBER	YEAR	SET	CONDITION	NOTES

PLAYER NAME	CARD NUMBER	YEAR	SET	CONDITION	NOTES

PLAYER NAME	CARD NUMBER	YEAR	SET	CONDITION	NOTES

PLAYER NAME	CARD NUMBER	YEAR	SET	CONDITION	NOTES

PLAYER NAME	CARD NUMBER	YEAR	SET	CONDITION	NOTES

PLAYER NAME	CARD NUMBER	YEAR	SET	CONDITION	NOTES

PLAYER NAME	CARD NUMBER	YEAR	SET	CONDITION	NOTES

PLAYER NAME	CARD NUMBER	YEAR	SET	CONDITION	NOTES

PLAYER NAME	CARD NUMBER	YEAR	SET	CONDITION	NOTES

PLAYER NAME	CARD NUMBER	YEAR	SET	CONDITION	NOTES

PLAYER NAME	CARD NUMBER	YEAR	SET	CONDITION	NOTES

PLAYER NAME	CARD NUMBER	YEAR	SET	CONDITION	NOTES

PLAYER NAME	CARD NUMBER	YEAR	SET	CONDITION	NOTES

PLAYER NAME	CARD NUMBER	YEAR	SET	CONDITION	NOTES

PLAYER NAME	CARD NUMBER	YEAR	SET	CONDITION	NOTES

PLAYER NAME	CARD NUMBER	YEAR	SET	CONDITION	NOTES

PLAYER NAME	CARD NUMBER	YEAR	SET	CONDITION	NOTES

PLAYER NAME	CARD NUMBER	YEAR	SET	CONDITION	NOTES

PLAYER NAME	CARD NUMBER	YEAR	SET	CONDITION	NOTES

PLAYER NAME	CARD NUMBER	YEAR	SET	CONDITION	NOTES

PLAYER NAME	CARD NUMBER	YEAR	SET	CONDITION	NOTES

PLAYER NAME	CARD NUMBER	YEAR	SET	CONDITION	NOTES

AMERICAN FOOTBALL CARD COLLECTION

PLAYER NAME	CARD NUMBER	YEAR	SET	CONDITION	NOTES

PLAYER NAME	CARD NUMBER	YEAR	SET	CONDITION	NOTES

PLAYER NAME	CARD NUMBER	YEAR	SET	CONDITION	NOTES

PLAYER NAME	CARD NUMBER	YEAR	SET	CONDITION	NOTES

PLAYER NAME	CARD NUMBER	YEAR	SET	CONDITION	NOTES

PLAYER NAME	CARD NUMBER	YEAR	SET	CONDITION	NOTES

PLAYER NAME	CARD NUMBER	YEAR	SET	CONDITION	NOTES

PLAYER NAME	CARD NUMBER	YEAR	SET	CONDITION	NOTES

PLAYER NAME	CARD NUMBER	YEAR	SET	CONDITION	NOTES

PLAYER NAME	CARD NUMBER	YEAR	SET	CONDITION	NOTES

PLAYER NAME	CARD NUMBER	YEAR	SET	CONDITION	NOTES

PLAYER NAME	CARD NUMBER	YEAR	SET	CONDITION	NOTES

PLAYER NAME	CARD NUMBER	YEAR	SET	CONDITION	NOTES

PLAYER NAME	CARD NUMBER	YEAR	SET	CONDITION	NOTES

PLAYER NAME	CARD NUMBER	YEAR	SET	CONDITION	NOTES

PLAYER NAME	CARD NUMBER	YEAR	SET	CONDITION	NOTES

PLAYER NAME	CARD NUMBER	YEAR	SET	CONDITION	NOTES

PLAYER NAME	CARD NUMBER	YEAR	SET	CONDITION	NOTES

AMERICAN FOOTBALL CARD COLLECTION

PLAYER NAME	CARD NUMBER	YEAR	SET	CONDITION	NOTES

PLAYER NAME	CARD NUMBER	YEAR	SET	CONDITION	NOTES

PLAYER NAME	CARD NUMBER	YEAR	SET	CONDITION	NOTES

PLAYER NAME	CARD NUMBER	YEAR	SET	CONDITION	NOTES

PLAYER NAME	CARD NUMBER	YEAR	SET	CONDITION	NOTES

PLAYER NAME	CARD NUMBER	YEAR	SET	CONDITION	NOTES

PLAYER NAME	CARD NUMBER	YEAR	SET	CONDITION	NOTES

PLAYER NAME	CARD NUMBER	YEAR	SET	CONDITION	NOTES

AMERICAN FOOTBALL CARD COLLECTION

PLAYER NAME	CARD NUMBER	YEAR	SET	CONDITION	NOTES

PLAYER NAME	CARD NUMBER	YEAR	SET	CONDITION	NOTES

PLAYER NAME	CARD NUMBER	YEAR	SET	CONDITION	NOTES

PLAYER NAME	CARD NUMBER	YEAR	SET	CONDITION	NOTES

PLAYER NAME	CARD NUMBER	YEAR	SET	CONDITION	NOTES

PLAYER NAME	CARD NUMBER	YEAR	SET	CONDITION	NOTES

PLAYER NAME	CARD NUMBER	YEAR	SET	CONDITION	NOTES

PLAYER NAME	CARD NUMBER	YEAR	SET	CONDITION	NOTES

PLAYER NAME	CARD NUMBER	YEAR	SET	CONDITION	NOTES

PLAYER NAME	CARD NUMBER	YEAR	SET	CONDITION	NOTES

PLAYER NAME	CARD NUMBER	YEAR	SET	CONDITION	NOTES

PLAYER NAME	CARD NUMBER	YEAR	SET	CONDITION	NOTES

PLAYER NAME	CARD NUMBER	YEAR	SET	CONDITION	NOTES

PLAYER NAME	CARD NUMBER	YEAR	SET	CONDITION	NOTES

PLAYER NAME	CARD NUMBER	YEAR	SET	CONDITION	NOTES

PLAYER NAME	CARD NUMBER	YEAR	SET	CONDITION	NOTES

PLAYER NAME	CARD NUMBER	YEAR	SET	CONDITION	NOTES

PLAYER NAME	CARD NUMBER	YEAR	SET	CONDITION	NOTES

PLAYER NAME	CARD NUMBER	YEAR	SET	CONDITION	NOTES

PLAYER NAME	CARD NUMBER	YEAR	SET	CONDITION	NOTES

AMERICAN FOOTBALL CARD COLLECTION

PLAYER NAME	CARD NUMBER	YEAR	SET	CONDITION	NOTES

PLAYER NAME	CARD NUMBER	YEAR	SET	CONDITION	NOTES

PLAYER NAME	CARD NUMBER	YEAR	SET	CONDITION	NOTES

PLAYER NAME	CARD NUMBER	YEAR	SET	CONDITION	NOTES

PLAYER NAME	CARD NUMBER	YEAR	SET	CONDITION	NOTES

PLAYER NAME	CARD NUMBER	YEAR	SET	CONDITION	NOTES

PLAYER NAME	CARD NUMBER	YEAR	SET	CONDITION	NOTES